Voller Liebe

Botschaften von und für die Seele

Vorwort

Dieses Buch führt eine kleine Reihe fort, die erstmals 2013 mit dem Buch „Spiegel des Lebens – Gedanken und Gedichte für Herz und Seele" begann. Neun Jahre später wurde sie dann mit „Momente der Stille" und „Leben" fortgesetzt. Dies ist nun das vierte Buch und hebt sich mit den Botschaften von den Vorgängern etwas ab. Hier haben Sie Botschaften aus der feinstofflichen (energetischen) Ebene, die nicht nur Mut, Kraft und Hoffnung schenken, sondern auch den Glauben an uns selbst und der unvorstellbaren Macht der Liebe.

Da ich selbst als Mentalcoach arbeite und seit 1992 einen Zugang zu jener feinstofflichen Ebene habe, die ebenfalls in viele meiner bisherigen Bücher mit eingeflossen ist, bekam ich bei entsprechender Musik, die Sie am Ende des Buches als Empfehlung finden, diese Botschaften übermittelt und gebe sie hiermit an Sie weiter.

Viele Menschen begeben sich mehr und mehr auf diesen Weg, kehren heim zur ursprünglichen Spiritualität unserer Vorfahren und Ahnen. Sie sind offen und empfänglich für Botschaften, die sie als Mensch nicht nur bereichern, sondern ebenfalls Tore öffnen und damit neue Wege.

Ich habe in meiner Zeit zahlreiche Menschen kennengelernt, die auf der Suche waren, nicht nur nach dem eigenen Sinn ihres Lebens, sondern nach einem Halt, einer Stütze auf ihrem Weg. Sehr oft konnte ich ihnen die neuen Wege zeigen, eine Korrektur damit ermöglichen, wenn sie selbst bereit dazu waren. Am Ende entscheidet ein jeder Mensch für sich selbst, ganz allein. Andere Personen können Ratschläge geben, Wege eröffnen, aber die endgültige Entscheidung trifft ein jeder Mensch für sich allein, ist damit das Ende der Entscheidungskette in seinem Leben.

Dieses Büchlein soll Ihnen diese Entscheidungen und Korrekturen, wenn sie denn nötig sind, erleichtern und Ihre Sicht auf die Dinge dafür neu ausrichten. Es sind Botschaften für Ihre Seele, die Ihr Herz berühren und einen Moment des Innehaltens bewirken. Einem jeden von uns bewusst machen, wie großartig und wundervoll nicht nur das Leben ist, sondern vor allem die Liebe, jenem wahren Göttlichen, das in uns wohnt und darauf wartet, gelebt und nach außen getragen zu werden. Ihnen alles Liebe und Gute dafür und viel Freude beim Lesen!

Gehe in Liebe unter die Menschen,
schenke ihnen ein Teil Deines Lichts.
Denn voller Liebe bist Du einer Sonne gleich,
einem unerschöpflichen Quell
voll Wärme und Güte.

Liebe, Glaube, Freude und Glück
sind die sichersten Fundamente
in den Zyklen des Lebens.
Sie sind so stark wie die kosmische Kraft,
die alles bewegt und am Leben erhält.

Sei weise,
sei achtsam,
höre den Lauten zu
und sieh die Welt in ihrer Farbenpracht.
Dann öffnest Du Dich dem wahren Leben,
seiner unbändigen Kraft,
die tief in Dir wohnt.

Alles ist in Bewegung,
alles ist Leben.
Selbst in der unendlichen Stille
alles auf ewig tanzt.

Sei heilend durch Deine Liebe,
weise den Weg mit Deinem Licht,
sei voller Güte zu den Menschen
und sie werden lernen zu sehen
und wieder zu verstehen.

Bring die Liebe
in Deine Worte,
in Dein Handeln,
in Dein ganzes Sein,
und Du wirst sehen,
wie groß und lichtvoll Du bist.

Die Welt ist ein Ort des Lichtes,
der Liebe,
sie überdauert alle Zyklen
der Zeit.

Wunder sind die
göttlichen Fügungen
auf unserer Reise
des Lebens.

Alles erstrahlt in dem Licht
des unendlichen Seins,
jenem wahrhaft Göttlichem
in einem jeden Wesen.

Reiche dem Leben die Hand
und damit Dir selbst.
Gehe den Weg,
den Dein Herz Dir sagt,
folge Deinem Licht,
Deiner Liebe
und Deiner Bestimmung.

Alles fügt sich
zu einem harmonischen Ganzen,
zur Wahrhaftigkeit des Lebens
und Deiner selbst.

Das Licht ist Leben,
ist Liebe,
ist Hoffnung
und der Hauch des Göttlichen in uns.

Öffne die Augen,
die Tore zu Deiner Seele,
lass das Licht in Dir erstrahlen
und aus Dir heraus.

Werde eins mit der Welt,
mit dem Leben
und der wahren Liebe.

Somit reihst Du Dich ein
in unseren Reihen
und wirst Gutes tun
im Licht der Welt,
in den Zyklen der Zeit.

Glaube,

hoffe,

liebe

und lass alle anderen Teil daran haben!

So wirst Du wachsen,

lernen und verstehen,

was Leben wirklich ist.

Die Liebe ist das Größte,
das wahrhaft Göttliche,
ohne sie hätte es nichts gegeben.

Alles, was Du fühlst,
ist ein Teil von Dir.
Alles, was Du siehst,
ist ein Teil der Welt.

Habe Hoffnung,
habe Zuversicht,
glaube an Dich und das Leben
und alles wird sich fügen
und Tore öffnen,
die Du bisher nicht einmal sahst.

Lebe Dich selbst,
Deine Gaben,
Deine Talente,
zum Wohle aller und Dir selbst!
So wirst Du Spuren hinterlassen,
Spuren in der Ewigkeit der Zeit.

Dankbarkeit und Demut
sind starke Äste am Baum des Lebens,
Mitgefühl und Liebe sind das Licht,
dass ihn stets erblühen lässt.

Alles ist eins,
alles ist Vielfalt,
in der Schönheit des Lebens,
der Offenbarung der Liebe.

Lob und Gesang
sind die Flügel,
die unsere Seele
schweben lassen.

Singe und Du wirst eins mit uns,
liebe und Du wirst eins mit uns,
glaube an Dich und das Leben
und wir glauben an Dich
und Deinen Wegen,

Folge Deinem Herzen,
dem Licht Deiner Seele,
und alles ist großartig
im Glanz der Liebe.

Alles reiht sich ein
im Klang der Harmonie,
dem Gleichgewicht des Kosmos
und im Einklang mit uns.

Alles ist Wunder
im Glanz des Lichtes der Liebe.
Alles ist klar und rein,
offenbart die Schönheit
des göttlichen Werkes
und damit vor Dir selbst.

Wenn Du das Licht
in Dir entzündest,
so kommt der Tag,
an dem Du verstehst
und uns erkennen kannst,
denn wir sind stets bei Dir
und lieben Dich.

Es ist eine Zeit
des Lernens und Verstehens,
dem Erkennen seiner wahren Natur.
Im Antlitz
des Lichtes der Liebe
und des Glaubens an Dich selbst,
dem Leben und dem Universellen.

Groß sollst Du werden
unter den Lichtern der Zeit,
weise und gerecht
sollst Du sein und wissend,
was Leben ist und bedeutet.

Frei sollst Du sein
unter den Lichtern der Zeit,
ihrer gleich und voller Glanz.
Erhelle Dein Leben
und damit das aller anderen.
Eine Sonne am Tag,
ein Stern in der Nacht,
ebenbürtig und gleich
zu allen anderen,
denn das lässt Dich leben,
heilen und führen,
als ein Licht in der Welt, in der Zeit,
und als Hoffnung für alle Suchenden.

Sei Licht,
sei Liebe,
heile Dich selbst
und damit die Welt!

Wo Dir Liebe begegnet,
da gebe Deine hinzu.
Das Licht in der Welt
wird dadurch vermehrt.

Verschließ nicht Dein Herz
vor der Liebe,
denn sie ist die Heilung
Deiner Dreifaltigkeit.

Liebe vermehrt sich,
ohne zu schwinden.
Wie das Licht einer Kerze,
welches Tausende entzünden kann.

Alle Kraft und aller Mut
entstehen aus der Liebe zu Dir,
dem Vertrauen in das Leben
und in die Herrlichkeit
des wahren Göttlichen.

Wer die Liebe lebt,
ist ein Licht in der Welt,
eine Heilung und Zuversicht
unter den Menschen.

Kein Wesen ist allein
auf seinem Weg,
wir geleiten es
seit Anbeginn
seiner Reise.

Das Licht in der Welt
ward geboren durch die Liebe
und stets durch sie
am Leben erhalten,
seit dem Anbeginn der Zeit.

Brücken aus Liebe,
dem hellsten und reinsten Licht
aller Zeit,
sind gebaut für die Ewigkeit.

Freude und Glück
sind die Funken der Liebe,
die auf ein jedes Wesen überspringen
und ihr Licht entzünden.

Die Hoffnung wird genährt
durch das Licht der Liebe,
der Zuversicht in uns
und dem Glauben an alles Weitere.

Wenn zwei Lichter sich vereinen,
so wird ein großes daraus,
was alles durchdringen und
alle Zeiten überdauern kann.

In der Helligkeit
des Lichts der Liebe
findest Du Schutz,
Wärme und Geborgenheit.
Es ist das Göttliche,
was Dich erfüllt.

Das Licht der Liebe
ist die Heimat aller Seelen,
die Verbindung zu uns
und dem Ursprung allen Seins.

Die Liebe und ihr Licht
ist der Ort der Leichtigkeit,
des Glaubens und
der Zuversicht,
deshalb können wir schweben.

Unser Gesang ist so hell und rein,
dass ihn die Liebenden hören
und sich vom ihm tragen lassen.

Wir sind erfüllt von der Liebe,
dem wahren Göttlichen,
sind deshalb stets an Eurer Seite,
um die Liebe mit Euch zu teilen.

Um Euch zu führen,
um Euch zu heilen
und um Euch stets zu geleiten,
deshalb sind wir voller Licht,
voller Liebe.

Wir sind da,
voller Licht,
damit die Liebe nicht vergeht,
kein Wesen alleine ist
und sich alles für Dich fügt.

Der Glaube an Dich selbst
ist größer als die Welt,
denn er kommt aus Deinem Herzen,
dem Heim Deiner Seele,
Deines Lichts.

Das Licht der Liebe
durchdringt alle Mauern,
erhellt die Finsternis
und lässt Neues entstehen.

Alles ist Licht,
erstrahlt in den reinsten Farben,
wenn die Liebe in Dir ist
und Deine Seele entfalten lässt.

Wo Liebe ist,
da feiern wir.
Wo Glaube ist,
da geleiten wir.
Wo Zuversicht ist,
da ebnen wir Wege
und das Leben stimmt mit ein.

Wir schützen Dich,
wir wärmen Dich,
wir heilen Dich,
wir lieben Dich
und erhellen Dir die Zeit.

Mit dem Licht der Liebe
wurdest Du geboren,
es ist in Dir,
bis ans Ende der Zeit.

Musikempfehlungen

Wie eingangs im Vorwort geschrieben, hier die Empfehlungen:

Angelical Meditacion „Music of Angels and Archangels – 432 Hz "
Espiritual Meditacion "Die stärkste Frequenz Gottes – 963 Hz"
Dwayne Ford „Hail To The King"

Alle aufgeführten Empfehlungen finden Sie auf der YouTube-Internetplattform. Sie dienten zur Begleitung bei der Entstehung dieses Büchleins und eventuell Ihnen beim Lesen.

Der Flügelschlag eines Engels
in Deiner Nähe,
ist ein Moment des Glücks
in Deinem Leben.
Dirk M.

Ich danke
all meinen Wegbegleitern und Wegbereitern,
meiner Familie,
meinen engsten Freunden
und all den Bekannten
auf meiner bisherigen Reise,
und freue mich auf viele weitere Momente mit Euch,
die mich ein jedes Mal bereichern!
Danke, dass es Euch gibt!

Bilder, Texte, Hintergrundbild und Design:

Dirk Meierewert

Erste Auflage

© by Dirk Meierewert, Berlin, 2024

© 2024

Herstellung und Verlag: BoD – Books on Demand, Norderstedt
ISBN: 9783759758569